LETTRE

A M. LE C^{TE} DE SAINT-LIZIER DU CHANTENAY

SUR

LE CHANGEMENT DE MINISTÈRE.

Première Lettre à M. le comte de Saint-Lizier du Chantenay sur l'état des affaires publiques, par M. Benoist, rédacteur en chef du *Conservateur*.

Brochure in-8°, prix 75 centimes.

A Paris, au bureau du *Conservateur*, rue de Sèvres, n. 2.

La *seconde Lettre* se trouve à l'adresse ci-dessus. Prix 75 centimes.

———

Il paraîtra prochainement un ouvrage du même auteur en deux volumes in-8o, intitulé : *Réputations contemporaines*, dont plusieurs fragmens on été publiés dans le *Conservateur*.

L'auteur passe en revue toutes les réputations de l'époque : M. de Châteaubriand; M. de La Mennais; sir Walter-Scott; lord Byron; M. Casimir Delavigne; M. de Villèle; lord Wellington; le prince de Metternich; M. Benjamin-Constant; le docteur Broussais; le sultan Mahmoud; Bonaparte; Louis XVIII; Bolivar; l'Infant dom Miguel; M. Royer-Collard; M. de Humboldt; M. de Pradt; O'Connell; le comte de Maistre; M. de Bonald; M. de Frayssinous; M. d'Aviau, archevêque de Bordeaux; le marquis de Lafayette; le général Foy; M. de Lamartine; M. Victor Hugo; M. Béranger; M. Decandolle; M. de Tailleyrand; M. de Barante; M. Dupin aîné; lord Castelreagh; M. Peel; le duc Mathieu de Montmorency; Bernardin de Saint-Pierre; le marquis de Laplace; M. Cousin; M. Guizot; M. Villemain, etc.

PARIS. IMPRIMERIE DE POUSSIELGUE-RUSAND,
rue de Sèvres, n. 2

LETTRE

à M. le Cᵗᵉ de Saint-Lizier du Chantenay

SUR

LE CHANGEMENT DE MINISTÈRE,

Par M. Benoist,

RÉDACTEUR EN CHEF DU *CONSERVATEUR.*

21 Août 1829.

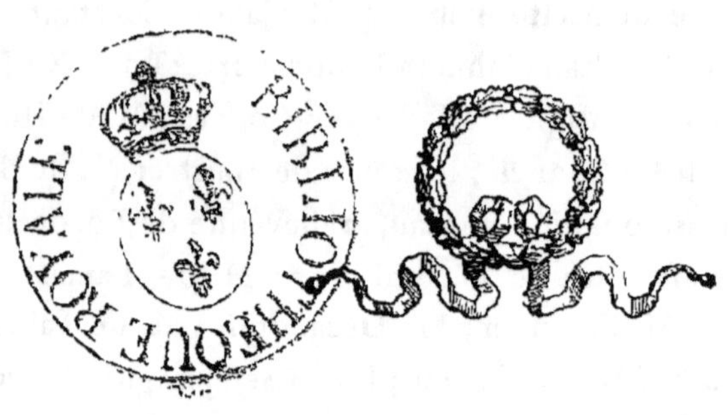

A PARIS,

AU BUREAU DU CONSERVATEUR,
rue de Sèvres, n. 2,

ET CHEZ RUSAND, libraire, rue du Pot-de-Fer, nº 8;
BLAISE, libraire, rue Férou, nº 24;
MAZE, libraire, rue de Seine Saint-Germain, nº 31;
DELAUNAY, libraire, Palais-Royal.

1829.

LETTRE

A M. LE Cte DE SAINT-LIZIER DU CHANTENAY,

SUR

LE CHANGEMENT DE MINISTÈRE.

MONSIEUR LE COMTE,

Me voilà enfin ministériel, mais ministériel de toutes mes forces. Madame la comtesse W*** me reprochant de faire continuellement de l'opposition, me dit un jour : Eh mon Dieu, monsieur, vous ne serez donc jamais ministériel? Madame, lui répondis-je, je serai ministériel quand M. de La Bourdonnaye arrivera au pouvoir.

Et vous, monsieur le comte, que dites-vous, que faites-vous maintenant? J'espère bien que vous êtes à nous et que notre ministère est le vôtre : il le faut absolument. Voilà huit ans que j'avais promis le ministère à M. de La Bourdonnaye, que je l'y attendais. Je l'avais ainsi arrêté, et j'étais sûr de mon affaire. Vous connaissez la grande querelle que je me suis faite avec M. l'abbé S*** au château de M. L*** de G***. Non, monsieur, me disait avec chaleur cet ecclésiastique, le ministère que vous désirez tant n'arrivera pas. Ce bon abbé, que dit-il aujourd'hui?

Le libéralisme est atterré de ce changement; et, quoiqu'il

l'ait annoncé d'avance, il ne s'imaginait guère être pris au mot. Quand on lui parlait sérieusement d'un ministère royaliste, il répondait : On n'oserait pas. On a osé néanmoins, et c'est ce qui fait tant de mal aux libéraux. Ils comptaient mettre la main sur les portefeuilles, et ils en faisaient déjà coquetterie comme une femme se réjouit d'une nouvelle parure qui doit l'aider à assurer son triomphe. Ils cherchent à épouvanter la France : c'est un coup d'état, une révolution tout entière qu'on vient d'opérer. Le Roi cependant n'a fait usage de sa prérogative que dans les limites de son pouvoir. Cette effroyable révolution est donc jusqu'à présent très légale et très constitutionnelle. Pour bien comprendre le chagrin du libéralisme et entrer dans le secret de ses douleurs, il faut se rappeler sa situation sous les anciens ministres. Gardant toutes les avenues du pouvoir, il avait placé des sentinelles à la porte de chaque ministère afin qu'on ne fît pas la contrebande. Il se flattait de faire oublier les ministres et de prendre position dans leurs hôtels au moment qu'on n'y penserait pas, comme les Turcs autrefois prirent la place des califes dégénérés. La révolution ministérielle du 8 de ce mois a bouleversé tous ces projets, et le libéralisme a presque joué le rôle de *Perrette au Pot au lait*. Colère, fureur, rage, tel est son état actuel. Qu'on ne lui demande pas ce qu'il a : « J'ai perdu mon trésor, et tu me demandes, coquin, ce que j'ai ! »

Si l'on examine les journaux avec impartialité, on reste stupéfait de les entendre. Que trouve-t-on dans leurs colonnes? Des raisonnemens? Point. De solides objections? Point. Des vues sages et judicieuses? Point; mais des clameurs et des appels à la révolte. On veut étourdir la nation et lui troubler le jugement : on habille les ministres de manière à les rendre hideux, puis on les présente aux citoyens comme ces génies malfaisans qui n'ont de pouvoir que pour faire le mal.

On fait grandbruit de M. de La Bourdonnaye, on l'appelle l'homme aux catégories. Eh bien, après? Et ces accusateurs quels sont-ils? Des hommes qui se félicitent du dévouement de Danton, de la justice de Marat et de la sage vigueur de Robespierre. Il leur sied bien à eux, qui regrettent peut-être de n'avoir point fait de la liberté avec *tous ces grands hommes*, de s'indigner contre un ministre qui a la conscience de sa force et qui connaît le secret de l'autorité. A les en croire, c'est l'ogre des contes de fées qui à son déjeuner ne fera qu'une bouchée de la charte et de la chambre des députés, et qui mangera la nation à son dîner.

Le libéralisme s'efforce de prouver que le ministère n'a point intention de gouverner d'après la charte, et que, d'ailleurs, il ne le pourrait pas quand il le voudrait. Pour le perdre, le libéralisme fait ici une étourderie; tant la haine est aveugle !

Je n'ai point l'honneur de connaître tous les ministres, mais je suis si convaincu qu'ils sont attachés à notre forme de gouvernement, que je ne m'arrête point à cette ridicule imputation, et que j'en viens vite à l'autre assertion. Les ministres ne pourront gouverner d'après la charte. Et pourquoi? d'où viendront les obstacles? est-ce de la part des libéraux? Quoi ! ils sont prêts à mourir pour la charte, et ils diront aux ministres qui la mettront en pratique : Un moment, mes amis, vous ne gouvernerez pas constitutionnellement, non ; il faut que vous gouverniez despotiquement, parce que nous voulons votre ruine ; nous l'avons jurée, nous la consommerons.

Cette politique est empruntée à Tibère, il ne manque plus qu'un Tacite pour la flétrir. On a jugé les ministres dans *le Moniteur*, et vite on a crié aux niais et aux imbéciles : « Ne regardez pas le ministère, fermez les yeux, c'est un ministère qu'il faut exécuter : il est déjà condamné, il ne reste plus qu'à lui trancher la tête. » Ce qu'il fera et ce qu'il dira ne peut ajouter à sa culpabilité qui est parfaite pour ainsi parler. Tout son crime consiste dans sa naissance; il est coupable d'un péché originel politique, et il ne peut retrouver l'innocence que dans la mort.

Les journaux l'attaquent à tort et à travers : peu importe qu'il y ait le sens commun dans leurs attaques, pourvu qu'ils l'insultent. Je voudrais bien savoir ce qu'ils entendent par le mot contre-révolution qu'ils font sonner bien haut. Si on les presse sur cet article, ils vous répondent par ces grands mots *de jésuitisme, de parti-prêtre* et de *parti de l'étranger;* c'est à dire qu'ils divaguent et se perdent dans des accusations aussi ridicules qu'odieuses.

La France, monsieur le comte, est à plaindre avec des gens qui, par leurs alarmes, répandent le trouble et l'effroi partout. Ils nous représentent comme la nation la plus misérable et la plus avilie du globe : nous faisons honte et horreur à l'Europe. Il n'y a plus d'espoir de nous sauver si le ministère ne se retire aujourd'hui, dès ce moment même, pour faire place aux libéraux. Avec eux tout ira bien, nous mourrons de contentement et d'admiration des belles choses qu'ils feront ; mais malheur à nous avec les ministres actuels ! On a tiré leur horoscope, et il a été décidé qu'ils ne réussiraient en rien : en un mot, ils auront, comme on dit vulgairement, la main malheureuse.

Jamais ministère n'est arrivé dans un moment plus opportun et plus favorable. Il y a partout une incertitude générale, et le libéralisme lui-même au fond est découragé. Le pouvoir doit se mettre à la tête de la société pour imprimer aux esprits une direction forte et salutaire : car tout le monde veut la prospérité du royaume : or, on ne peut y arriver que par l'attachement à la noble maison de Bourbon et que par une entière exécution de la charte. Les libéraux mettraient volontiers le ministère actuel en accusation, parce qu'il s'y attache et qu'il déclare solennellement en vouloir la stricte observation. Qu'est-ce à dire ? Est-ce qu'il voudrait par hasard gouverner suivant cette charte ? Eh bien, la France est perdue, la royauté est perdue, tout est perdu, s'il persiste dans son projet. Pourquoi aussi ne gouvernerait-il pas par caprice ? Quoi ! il aurait la tête assez dure pour ne point vouloir entendre raison sur ce sujet ! C'est incroyable.

Nos adversaires veulent que nous en soyons à une contre-révolution, et, pour épouvanter les niais et les simples, ils racontent déjà les crimes qu'on commettra ; ils oublient seulement que nous avons la charte et qu'un bouleversement quelconque n'est possible que par la destruction de cette grande loi. A quoi bon évoquer le souvenir de crimes qui n'existent pas ? On parle à tout moment de la maison des Stuarts. J'ignore ce que le ministère fera dans les conjonctures actuelles ; mais je sais qu'il se montrera fidèle à ses devoirs et digne de la confiance de Charles X. Qui ne sait que ce prince, digne héritier du sang des Bourbons, fidèle à ses sermens et aux institutions que la sagesse de son frère a données à la France, saura toujours concilier la dignité de sa couronne avec les libertés que ses peuples aiment à devoir à la noble famille dont il descend : car c'est au gouvernement des Bourbons que nous devons tous les biens dont nous jouissons ; c'est à quoi ne font pas attention les libéraux. Préocuppés de l'idée d'une contre-révolution qu'ils aperçoivent partout, ils oublient que c'est un Bourbon qui a donné la charte *pour fermer l'abîme des révolutions.*

Ils veulent bien la liberté et ses priviléges, mais pour eux : ils se persuadent qu'il est dangereux d'accorder des portefeuilles à des royalistes. Il est prudent d'avoir la main sur eux et de les tenir dans une espèce d'ilotisme politique ; aussi entendons les clameurs libérales contre le ministère ; c'est l'ancien régime qu'on nous ramène, les journaux semblent se complaire à le rappeler ; et cette idée les poursuit tellement qu'ils ne voient que confusion et anarchie là où tout est calme et tranquille. Véritable terreur panique !

Gardons-nous de supposer avec quelques brouillons ou quelques ambitions déçues, que les ministres ne sont que des perturbateurs, des gens dangereux pour la royauté et l'ordre social. Une semblable supposition est tout à fait ridicule puisqu'elle fait croire que les ministres ne comprennent pas que la durée de la charte dépend du sort de l'auguste dynastie qui règne sur nous ; qu'ils ne comprennent ni les nobles vertus, ni les sentimens généreux de Charles X. Non, les ministres sont meilleurs que les journaux se plaisent à les faire ; et c'est les calomnier audacieusement que de venir les représenter comme des artisans de trouble, des inventeurs de désordre, qui ne sont à leur aise que dans la violation des lois et dans l'anarchie. Je ne m'accoutumerai jamais, monsieur le comte, à cette pensée que la France doit voir des ennemis dans les ministres actuels, dans ceux qui sont le plus intéressés à l'ordre et au maintien de l'autorité.

Nous n'avons rien à gagner à une révolution, et nous avons tout à perdre, commerce, richesses, garanties et institutions : il est donc tout à fait absurde que nous en

cherchions une ; mais si nous y tendons, on doit remarquer des indices de cette tendance, quelques symptômes
alarmans qui annoncent la violence du pouvoir. Point :
tout est calme et tranquille. Aucun trouble ne vient inter-
rompre les travaux et les habitudes des citoyens.

Il me semble monsieur le comte, que le gouvernement représentatif est mal compris par le temps qui
court ; il n'est cependant que l'égalité de droits
pour tous les individus, la reconnaissance des intérêts
de toutes les classes de la société. Or, à aucune époque
de l'histoire, les hommes n'ont jamais joui des mêmes
droits, si ce n'est dans l'Eglise catholique.

Les législateurs de l'antiquité se sont fatigués à chercher une forme de gouvernement qui pût concilier les
droits de tous les individus, les intérêts de toutes les
classes de la société : ils n'ont pu la trouver. Les sociétés
humaines étaient encore trop imparfaites et leur organisation trop défectueuse. Le gouvernement constitutionnel
ne pouvait venir que d'un meilleur état de société ; il fal-
lait avant tout l'établissement du catholicisme et l'aboli-
tion de l'esclavage.

Dans la charte tous les pouvoirs sont définis, toutes
les places sont assignées. Le Roi est chef suprême de
l'Etat, de sorte qu'il peut déclarer la guerre, faire tous
les traités comme bon lui semble, nommer à tous les
emplois publics et s'occuper, en un mot, de son royaume
selon qu'il le juge à propos. Le libéralisme a voulu anni-
hiler la royauté tandis que dans notre forme de gouvernement elle est présente à tout et vivifie tout. Sans elle les
institutions se meurent, les lois se flétrissent, les corps se
désorganisent. Semblable à Dieu qui donne la vie à toutes
les intelligences, la royauté dans un gouvernement constitutionnel donne la vie à tous les pouvoirs. Le Roi est

un père au milieu de ses enfans, c'est pour lui sans doute un grand chagrin que de ne pas les savoir heureux; mais il prend part à leurs peines, il s'afflige avec eux, et ne pouvant les avoir autour de lui, il les a tous dans sa pensée.

La chambre des pairs, qui représente l'aristocratie, semble n'être posée que pour observer la chambre des députés, la contenir si elle voulait tant soit peu sortir du cercle où elle doit se renfermer, et venir à l'appui de la royauté s'il en était jamais besoin. Ces deux pouvoirs ne tiennent la vie que du Roi, et quoique le peuple nomme ses députés, le troisième pouvoir n'en est pas moins une émanation de la royauté.

Avec le gouvernement représentatif le moindre citoyen est-il lésé dans ses intérêts, il peut élever la voix soit vers les tribunaux, soit vers les chambres. Le droit de plainte est consacré dans le gouvernement représentatif, et c'est un de ses plus beaux titres de gloire. Les trois pouvoirs se partagent la puissance législative et se balancent l'un l'autre, de sorte que le premier ne peut rien sans les autres, et que ceux-ci ne peuvent aller sur l'autorité du prince.

Qu'est-ce que le Roi veut? Le maintien de l'ordre établi et le triomphe de tous les droits légitimes.

Que veut la France? Ce qu'elle veut et ce qu'elle voudra toujours, ce sont des hommes sincèrement attachés à leur Roi et toujours prêts à défendre le trône sans lequel il ne peut y avoir de liberté.

Le Roi et la France s'entendent admirablement : tous deux sont d'acord pour faire le bien et pour assurer le triomphe de nos libertés. Ne cherchons point à nous égarer par d'injustes et d'odieuses suppositions. Le ministère, honoré de la confiance du Roi, a déjà répondu et continuera de répondre à l'attente du royaume. Fort de sa conscience, il méprisera les cris qu'on pousse autour de lui pour l'effrayer.

Est-ce que les chambres, dit-on, donneront leurs suffrages à une administration inhabile et coupable? Et pourquoi pas? Parce que les journaux sont chagrins faut-il que les chambres soient mécontentes? Faudra-t-il donc qu'elles jugent les ministres d'après les réquisitoires passionnés de quelques écrivains?

Mais qu'est-il donc ce ministère qui a amassé sur sa tête des trésors de colère? Ses membres sont-ils des inconnus sortis tout à coup de l'obscurité? Non, ce sont des hommes qui ont occupé de hauts emplois et qui ont paru avec éclat dans les affaires publiques. Sont-ce de petites médiocrités ou des esprits vains et immodérés, capables de tout sacrifier à leur fortune et à leur ambition? Non, ce sont des hommes qui ont fait preuve de talent, que les chambres et la France ont pu juger depuis qu'ils ont paru sur la scène politique; des hommes dont la loyauté est à l'abri du soupçon et dont le dévouement à nos princes est assez connu. Ce ne sont pas des ministres maladroits ou infidèles qui par calcul ou par faiblesse favoriseront les factieux, et sacrifieront aux exigences des coteries le dépôt sacré de l'autorité royale ou les libertés du royaume.

La voie du ministère sera toujours la voie de la justice; il aimera à s'y rencontrer avec tous les hommes qui aiment le Roi, et qui veulent de bonne foi les institutions de leur pays. Ceux qui les accusent de compromettre les intérêts sacrés de la monarchie, en ne craignant pas de révoquer en doute la sincérité de leurs intentions, ne les connaissent pas, ou ne veulent pas les connaître. Serviteurs dévoués de la couronne et défenseurs naturels de ses prérogatives, les ministres garderont religieusement le dépôt qui leur a été confié. Fermement résolus à donner toujours au roi les conseils conformes à l'esprit de nos institutions, ils l'aideront de tout leur pouvoir et conformément à sa volonté royale à maintenir les libertés publiques.

M. de La Bourdonnaye a été membre depuis 1815, de toutes nos assemblées, où il s'est fait remarquer par une raison haute et sévère, par une logique vigoureuse, par un esprit ferme et éclairé, et par une dignité de langage assez rare parmi nos députés. Dans les dernières sessions, il a gardé un silence noble et éloquent. Il a étudié l'autorité, il est au courant de ses secrets, il sait quelle puissance elle doit avoir sur les esprits ; et je suis convaincu qu'il s'en servira avec habileté. En vous racontant, monsieur le comte, la loyauté, la franchise et le dévouement qui constituent le beau caractère du ministre des affaires étrangères, c'est vous nommer M. le prince de Polignac. Pour répondre à toutes les attaques dont il est l'objet il suffit de citer des fragmens de son discours prononcé à la Chambre des Pairs dans la séance du 5 février 1829.

« Quelques feuilles publiques auxquelles l'homme privé ne daignerait pas répondre, parce qu'elles ne peuvent l'atteindre, mais dont l'homme public doit repousser l'attaque, ont, depuis quelques jours, dirigé contre moi leurs plus violentes calomnies. Sans provocation de ma part, sans vérité, sans vraisemblance, sans un seul fait qui leur servît de motif, ou même de prétexte, elles ont osé me montrer à la France entière comme nourrissant dans mon cœur un secret éloignement contre nos institutions représentatives qui semblent avoir déjà acquis la sanction du temps et une sorte d'autorité imprescriptible, depuis que la main royale qui nous les a données repose glacée dans la tombe.

« Si les rédacteurs, quels qu'ils soient, de ces inculpations calomnieuses, pouvaient pénétrer dans l'intérieur de mon domicile, ils y trouveraient la meilleure de toutes les réfutations et de toutes les réponses ; ils m'y verraient entouré des fruits de mes continuelles, et, j'espère, utiles études, ayant toutes pour objet et pour but la défense, si elle devenait nécessaire, la consolidation de nos institutions actuelles, le désir et le dessein d'en faire hériter nos enfans, et d'imposer à leur bonheur la douce obligation de bénir la mémoire de leurs pères. . .
- . . . .

« Mais, messieurs, je ne me contenterai pas d'énoncer ici la moitié seulement de mon *symbole* politique ; oui, je m'honore d'être du grand nombre, du nombre immense des Français qui pensent, qui espèrent que les institutions représentatives jetteront de profondes racines dans notre patrie ; mais je suis loin de partager l'opinion de ceux qui verraient sans effroi l'excès d'un zèle coupable dénaturer, travestir ces institutions, si sages en elles-mêmes, et puiser dans l'abus qu'on en ferait tout un code de doctrines propres à exciter les passions et à lancer au loin, dans la société, des brandons de discorde.

« Je repousse aussi l'opinion de ceux qui, méconnaissant la pensée royale et paternelle de l'auguste fondateur de nos libertés, chercheraient, à l'aide de ces formes de gouvernement si généreuses et si monarchiques, à affaiblir parmi nous les prérogatives de la couronne, à isoler la France nouvelle de la gloire de l'ancienne France, en faisant surgir, du sein de la même nation, *deux peuples* qu'ils supposeraient éternellement séparés par des souvenirs et par des regrets ; de ceux encore qui voudraient atténuer le respect dû à la religion de nos pères, en la représentant, *dans leur insidieux langage, comme une enne-*

mie secrète de nos libertés, feignant de ne pas comprendre qu'on peut lui témoigner les premiers égards, lui décerner lespremiers hommages, sans blesser la sécurité de toutes les consciences.

« Ce serait là, messieurs, insulter la mémoire du fondateur de nos institutions, déchirer son ouvrage et s'armer du bienfait pour en frapper le bienfaiteur.

« Tout se tient, tout s'enchaîne dans notre existence politique ; tout a ses droits et ses limites : ainsi la liberté de la presse doit *éclairer l'opinion* sur les véritables intérêts du pays ; mais cette compagne nécessaire de nos institutions dérogerait à sa noble destinée si elle soulevait les haines et les passions ; c'est une sentinelle avancée qui veille sur les intérêts de tous, qui signale le danger sans jeter l'alarme mal à propos, qui observe l'ennemi, en suit les mouvemens, prépare la défense, mais doit se tenir l'arme au bras et ne jamais brûler la première amorce: . . . .

. . . .

« Oui, messieurs, nos institutions me paraissent concilier tout ce que peuvent réclamer, d'un côté, la force et la dignité du trône ; de l'autre, une juste indépendance nationale ; c'est donc d'accord avec ma conscience et ma conviction que j'ai pris l'engagement solennel de concourir à leur maintien.

« Et de quel droit penserait-on aujourd'hui que je reculerais devant cet engagement ? De quel droit me supposerait-on l'intention de sacrifier des libertés légitimement acquises ? M'a-t-on jamais vu servile adorateur du pouvoir ? Ma foi politique s'est-elle ébranlée à l'aspect du péril ? S'il m'était permis d'interroger la conscience et la vie de mes accusateurs, ne les trouverais-je jamais fléchissant le genou devant l'idole, quand, plus indépendant qu'eux, je bravais dans les fers les dangers et la mort? »

Le ministère offre toutes les garanties qu'on peut désirer : il ne s'effrayera ni de la violence des partis, ni des insultes qu'on lui prodigue pour soutenir, dit-on, la cause du peuple. On veut le défendre ce peuple ; et pour cela on a recours à l'injure et à la calomnie. Qu'y a-t-il de commun entre lui et les esprits brouillons et indociles qui prennent sa cause en main ? Est-il nécessaire à son bonheur que ces esprits superbes soient les maîtres ? Et perdra-t-il sa tranquillité si l'on ne supporte patiemment leur audace et leur folie ?

La France saura gré au ministère de ce qu'il fera pour elle. Sa position offre sans doute des embarras qui exigent de sa part du courage et une grande abnégation de lui-même ; mais il comprend très-bien les difficultés qu'on lui prépare, il connaît son devoir, et il est déterminé à le remplir. Le temps de la justice arrivera pour lui, et il aura la force de l'attendre.

Il n'y a qu'un moyen infaillible d'occasionner une révolution ; c'est de détruire l'état de choses actuel ; et sous ce rapport les libéraux doivent se taire afin que je ne les accuse pas. Détruisez la charte, il ne restera rien si ce n'est quelques décrets de l'empire, quelques arrêtés de la république, quelques ordonnances de l'ancienne monarchie qui font encore règle aujourd'hui. Du reste, point d'institutions, point de lois, l'anarchie partout. Où sont les institutions et les lois de l'empire ? Il n'avait que sa gloire et son despotisme. Il n'existait que parce qu'il était fort, et il n'était fort que parce qu'il était violent : car il faut distinguer la force qui vient des lois de celle qui vient de la violence. On a beaucoup loué l'empire, en vérité je ne sais trop pourquoi ; car il devait tomber du moment où la gloire lui manquerait ; c'est ce qui est effectivement arrivé. Il n'a jamais su gouverner, il n'a su qu'administrer. Or, avec une administration, des bureaux et des commis, il y a des individus et point de citoyens. La gloire humaine ne dure pas toujours : elle meurt vite au contraire, ne laissant après elle que des souvenirs vagues et fugitifs. D'ailleurs la gloire de l'empire est extraordinaire ; et l'extraordinaire fait exception parmi les hommes.

Où sont les institutions et les lois de la république ? Elle n'a su que proscrire et massacrer ; et du moment où elle a cessé de proscrire et de massacrer avec la même énergie, elle est tombée. Je ne pense pas qu'on soit assez insensé pour prendre la défense d'un gouvernement abominable qui s'était mis hors du droit commun. Que ferait-on avec cette république ? Irait-on chercher quelques principes parmi des monceaux de cadavres ? Irait-on feuilleter cette volumineuse collection d'arrêtés plus barbares et plus absurdes les uns que les autres ? Quelque misérables que soient les choses humaines, elles ne se rabaissent pas jusqu'à ce point ; elles sont encore assez belles par elles-mêmes, pour se passer de la scélératesse et de la folie.

Où sont les lois et les institutions de l'ancien régime ? Tout n'a-t-il pas été détruit ? Nous savons qu'on va chercher quelques ordonnances dans ses ruines ; mais cela suffirait-il pour nous gouverner ? Ainsi qu'on détruise la charte, et nous serons dans le vague sans pouvoir en sortir.

D'après cela chacun comprendra facilement combien il serait dangereux de s'arrêter par timidité entre le passé et l'avenir. Comment gouverner sans des institutions constitutionnelles, puisqu'elles remplacent toutes celles qui ont été détruites ? Gouvernerait-on au jour le jour, et ferait-on le matin des lois pour le soir, et le soir des lois pour le matin? Telle n'est point l'intention du ministère. Il se propose de consolider l'ordre des choses établi ; mais il le fera avec une sage et vigoureuse fermeté. Au reste, un document officiel, la circulaire de S. Exc. le ministre de l'intérieur aux préfets, le prouve assez.

MINISTÈRE DE L'INTÉRIEUR.

CIRCULAIRE.

A M. le Préfet du département de........

Paris, le 12 août 1829.

« MONSIEUR LE PRÉFET,

« Appelé par le choix du Roi à diriger le département de l'intérieur, je sens tout le prix d'une si auguste confiance, sans me dissimuler ce qu'elle m'impose de devoirs.

« Pour ne pas m'en laisser effrayer, j'ai besoin de compter sur le zèle et le dévouement de tous les fonctionnaires publics. J'ai plus spécialement besoin encore du concours de ceux que les bontés du Roi ont placés à la tête des administrations départementales.

« Mais ce concours perdrait de son efficacité si, uniforme dans sa marche et réglé par une sage fermeté, il n'était également éloigné de la faiblesse qui perd les états, et de l'imprudence qui les compromet.

« C'est entre ces deux écueils que vous aurez à marcher, monsieur le Préfet. Placé entre les libertés publiques, que la ferme volonté du Roi est de maintenir, et les écarts de la licence, qu'il importerait de réprimer, votre devoir est de faire exécuter les lois sans acception d'opinions et de personnes ; non toutefois en instrument aveugle et passif, mais en administrateur éclairé, juge et appréciateur des circonstances, et toujours dirigé par l'intérêt public et un courageux dévouement.

« En assurant à tous justice et protection, l'administration ne doit faveurs et récompenses qu'aux services rendus au Prince et à l'état : sa confiance ne peut être accordée qu'à ceux qui savent la mériter.

« Ce serait donc avec une véritable peine, monsieur le Préfet, que je vous verrais placer ou offrir au choix du Roi des sujets qui ne réuniraient pas à l'aptitude nécessaire pour bien remplir leurs emplois, un attachement vrai à notre auguste dynastie et aux institutions qu'elle nous a données, parce que ce n'est qu'en employant des hommes dévoués que vous ferez renaître la confiance des gens de bien, les rallierez au gouvernement et leur donnerez la force de résister à des influences qui ne sont puissantes que par le découragement des amis de l'ordre et de la légitimité.

« Toutefois, l'intention du gouvernement n'est point de troubler les situations établies ni de faire une réaction. Tout ce qui voudra se rattacher franchement à lui et le seconder dans la stricte observation de la charte constitutionnelle, doit compter sur son appui. Quiconque tendrait à s'écarter de cette ligne invariable de conduite, aura, nous l'espérons du moins, le courage de se faire justice. Dans le cas contraire, je compte trop sur votre dévouement pour n'être pas convaincu que vous vous empresseriez de m'en informer.

« Recevez, monsieur le Préfet, l'assurance de ma considération distinguée.

« *Le ministre secrétaire d'état de l'intérieur,*
« La Bourdonnaye. »

Si depuis 1814 la stabilité du trône a été com-
promise, c'est qu'on n'a point su distinguer la force qui
vient des lois de celle qui vient de la violence; c'est qu'on
n'a point su appliquer les lois à propos et avec fermeté.
Il n'est point de constitution, quelque défectueuse qu'elle
soit, où un gouvernement ne puisse trouver des armes
pour se défendre; mais il ne faut pas craindre de les
chercher et de s'en servir avec une juste sévérité. Le pouvoir ne doit jamais trembler ni reculer devant un parti.
Fi de la timidité, arrière la peur dans un gouvernement;
ses ennemis grandiront d'autant plus qu'il paraîtra les
craindre, et si les ministres leur retirent humblement le
chapeau, ils le diront partout; et les peuples auront pi-
tié d'une autorité qui ne sait pas même se faire saluer con-
venablement.

Malgré nos institutions représentatives, malgré ce que
les Bourbons ont fait pour nous, le libéralisme n'a jamais
voulu de l'ordre de choses consacré par la charte, puisqu'il s'est tenu jusqu'à ce jour dans une position tout à
fait hostile vis-à-vis du gouvernement.

En 1814, le droit public de la France consistait dans
la gloire impériale; mais l'empire en s'écroulant em-
porta sa gloire avec lui. On ne pouvait l'en empêcher :
elle lui appartenait, et chacun est libre de disposer de sa
propriété. Il ne nous restait donc pour toute fortune que
des commis, des bureaux et une administration singuliè-
rement compliquée. Que pouvait faire le gouvernement
royal au milieu des regrets des uns et des désirs des autres?
Devait-il s'asseoir sur des ruines et nommer législateurs
tous les commis qui avaient été employés depuis Hambourg
jusqu'à Perpignan et depuis Gand jusqu'à Rome? Eh! mon
Dieu, il n'aurait pas marché trois mois dans cette anarchie de décrets impériaux. Il lui aurait fallu la tyrannie

pour se soutenir, et alors chacun de s'écrier : « Donne-nous de la gloire, donne-nous de la gloire. »

De la gloire! il en a donné aussi sans qu'on lui en ait demandé. Louis XVIII n'a-t-il pas, dans sa charte, posé un nouvel ordre social? Le gouvernement royal n'a-t-il point depuis quinze ans fait tous ses efforts pour le consolider? Il convient bien au libéralisme de se constituer accusateur lorsque nous pouvons lui reprocher son infidélité permanente et ses trahisons sans cesse renouvelées.

Je vais jeter un coup d'œil sur l'ensemble de l'histoire du libéralisme depuis 1814.

PREMIÈRE ÉPOQUE.

Le 2 mai 1814, Louis XVIII parlait ainsi à Saint-Ouen : « Résolu d'adopter une constitution libérale, nous
« convoquons le sénat et le corps législatif, nous nous
« engageons à mettre sous leurs yeux le travail que nous
« aurons fait avec une commission choisie dans le sein
« de ces deux corps, et à donner pour bases à cette cons-
« titution les garanties suivantes : Le gouvernement re-
« présentatif divisé en deux corps, l'impôt librement con-
« senti, la liberté publique et individuelle, la liberté de
« la presse, la liberté des cultes, les propriétés inviolables
« et sacrées, la vente des biens nationaux irrévocable,
« les ministres responsables, les juges inamovibles et le
« pouvoir judiciaire indépendant, tout Français admis-
« sible aux emplois, etc. »

Un mois après la charte est publiée, elle consacre tous ces principes; mais déjà le libéralisme en est dégoûté. Il cherche à établir la souveraineté du peuple. Au lieu d'*octroyer* d'après la plénitude de son autorité, le Roi, selon lui, devait *adopter* ce que la nation aurait jugé à propos de lui *imposer*. On répand parmi le peuple d'imprudentes alarmes, et on lui inspire de la défiance contre le gouvernement. Malgré ses sermens de la veille, le libéralisme laisse voir qu'il ne veut ni des Bourbons, ni de la charte. Le pouvoir royal est paralysé dans son influence, avili dans sa dignité et par là compromis dans l'esprit des peuples. Carnot publie son *Mémoire au Roi*, et le libéralisme pousse un cri de joie. Non seulement les régicides n'ont pas besoin de se justifier, non seulement ils ne sont pas coupables, mais ils ont bien fait, et peut-être faudrait-il les récompenser. Dans un dessein perfide on parle au peuple de la restauration des Stuarts, on correspond avec Bonaparte, on prépare son retour. Il débarque enfin, et les libéraux lui font signe : « Arrive donc, arrive donc, » tout en protestant de leur dévouement à Louis XVIII ; mais ce prince est obligé de se retirer avec la fortune et les libertés de la France pour les mettre à l'abri de leurs coups.

SECONDE ÉPOQUE.

Le libéralisme applaudit à Bonaparte : il lui jure fidélité ; il prodigue les outrages aux Bourbons ; il déchire la charte et la jette au vent. Il rédige l'acte additionnel, il l'accepte comme sa grande loi. Il proscrit à jamais les Bourbons ; il poursuit partout leurs fidèles sujets ; il les met en prison ou il les exile. Il recommence les persécutions et les folies sanglantes de la révolution contre les nobles et les prêtres, il dispose du trône de France comme s'il lui appartenait ; et il n'a point honte de l'offrir au premier venu pour l'enlever à jamais au souverain légitime : telle est sa conduite dans les *cent jours*.

TROISIÈME ÉPOQUE.

Le 28 juin 1815, le Roi adresse de Cambrai une pro-
clamation à ses sujets. Rentré dans son royaume, il dit
aux deux chambres : « Vous ne perdrez jamais de vue les
« bases fondamentales de la félicité de l'état : union franche
« et loyale des chambres avec le Roi, et respect pour la
« charte constitutionnelle, cette charte que j'ai méditée
« avec soin avant de la donner, à laquelle la réflexion m'at-
« tache tous les jours davantage ; que j'ai juré de main-
« tenir, et à laquelle vous tous, à commencer par ma
« famille, allez jurer d'obéir. »

Le libéralisme jure donc de nouveau fidélité à la charte ;
mais ne pouvant plus compter sur Bonaparte, il forme
d'autres projets. Il organise un vaste système de calomnies
et de diffamations ; il suit pas à pas la marche du gouvernement, il la présente sous un faux jour ; il s'efforce
de persuader au peuple qu'il n'a pas d'ennemis plus im-
placables que les Bourbons ; il dénature leurs intentions ;
il leur reproche le bien qu'ils font, et il leur fait un crime du
mal qu'ils ne commettent pas. Tous les citoyens qui ont
montré quelque fidélité, quelque dévouement, sont en
butte à ses vengeances. ; il ne veut pas qu'on soit meilleur que lui ; il ne souffre pas même qu'on reste dans
l'indifférence. Il faut haïr comme lui et avec lui pour ne
point encourir son indignation.

La religion catholique est avilie dans l'esprit des peuples ;
pour les corrompre il leur donne avec profusion les plus
mauvais ouvrages ; il représente les prêtres comme autant
d'ennemis de la nation : ses journaux soutiennent chaque
jour avec une audace inouïe ce système de perversité. Des
troubles éclatent partout, on ne se contente plus de cons-
pirer dans les journaux, on conspire les armes à la main.

Enfin un espèce de génie malfaisant semble bouleverser toute la France ; des pamphlets incendiaires excitent le peuple à la révolte ; un régicide est envoyé à la chambre des députés, l'infortuné duc de Berry est assassiné ; le général Berton lève l'étendard de la rebellion, et le libéralisme, comme autrefois à Bonaparte, lui fait signe de se hâter. Plusieurs députés sont gravement compromis dans cette affaire, et si on ne leur fait pas leur procès, c'est par condescendance.

QUATRIÈME ÉPOQUE.

La position du libéralisme change ; il se trouve en majorité dans les chambres, il est à la porte des ministères ; on lui accorde à peu près tout ce qu'il demande, mais il ne peut se contenir, sa haine paraît malgré lui. Dans ses discours et dans ses journaux, il ne cache point qu'il ne veut ni du clergé catholique, ni de la chambre des pairs ni de la dynastie régnante. En un mot, c'est l'ordre des choses établi par la charte qui lui pèse, c'est un fardeau qui l'accable et dont il veut se débarrasser à quelque prix que ce soit.

CINQUIÈME ÉPOQUE.

La sagesse royale nous retient sur le bord de l'abyme, un nouveau ministère est formé ; il n'a encore rien fait, ni rien dit qui ne soit conforme aux principes constitutionnels. Eh bien, le libéralisme le poursuit avec une violence tout à fait effroyable ; il s'efforce encore de répandre l'alarme parmi la nation, il affecte de pleurer sur les libertés publiques, sur la France, sur la royauté ; il fait ostentation d'une douleur profonde, et il va presque fuir notre pays, tant il est effrayé des calamités qui vont fondre sur nous.

CONSÉQUENCES.

Il faut conclure maintenant que le libéralisme est ennemi déclaré des institutions établies par la charte; qu'il ne l'a jamais invoquée, cette charte, que pour pouvoir la détruire de manière à ce qu'on ne pût jamais nous la rendre; qu'il n'a remis sans cesse en question les grands principes de l'organisation sociale que pour la refaire dans son intérêt.

Il est important de remarquer qu'à toutes les époques que je viens de parcourir, le libéralisme a conservé sa haine contre les Bourbons et la religion catholique. Il s'est appliqué autant qu'il lui a été possible à déconsidérer et à renverser le pouvoir royal; il a toujours eu ce but devant les yeux, et jamais il ne s'en est écarté. Les circonstances ont pu quelquefois le contrarier; mais alors il a tâché de s'élever au-dessus d'elles, ou de les accommoder à ses projets. Il ne va jamais seulement pour avancer; mais il regarde toujours à son grand but, et il s'efforce de l'atteindre.

Il y a trois temps remarquables à considérer dans l'histoire du libéralisme; le temps où il se forme et où il n'est puissant que par son alliance avec Bonaparte, c'est en 1814;

Celui où assez fort par lui-même, il combat ouvertement la royauté : c'est depuis 1816 jusqu'en 1828;

Celui où il offre ses services et son appui au gouvernement pour mieux l'abattre; il dure depuis 1828 jusqu'à la nomination du nouveau ministère.

Il reste démontré que le but du libéralisme est de détruire l'ordre de choses établi par la charte; celui d'un ministère royaliste doit être par conséquent de le défendre et de le consolider.

Les lois actuellement en vigueur sont favorables au libéralisme : deux des plus importantes, la loi sur la presse et la loi électorale, lui ont abandonné la société.

Je ne me propose point, monsieur le comte, pour le moment, d'entrer dans des détails à ce sujet. Un gouvernement représentatif ne repose que sur le système électoral : or, le nôtre est défectueux en ce qu'il favorise trop l'esprit démocratique. La démocratie est tout en France. Si nos institutions, loin de la contenir, ne tendent qu'à l'augmenter, elle finira par devenir sa propre maîtresse et se gouverner elle-même. Il importe donc de la renfermer dans ses limites naturelles si nous voulons conserver notre forme de gouvernement ; mais pour exécuter ce projet il faut un bon système électoral fondé sur des bases larges et solides, de manière qu'il vienne au sol et qu'il y prenne racine.

Des institutions qui existent seulement sur le papier, et que le premier tribun venu peut ébranler d'un coup de chapeau, ne sont pas des institutions : elles ressemblent trop aux châteaux de cartes que les enfans s'amusent à élever et que leur souffle seul détruit aussitôt.

En demandant des modifications à la loi sur la presse, gardez-vous de croire, monsieur le comte, que la censure y entre pour quelque chose ; mon opinion à ce sujet est assez connue. C'est une bien triste ressource pour un gouvernement que la censure dans les circonstances difficiles où nous nous trouvons ; elle n'indique jamais qu'un pouvoir faible ou usé. La censure d'ailleurs est mortelle à tout ce qui l'approche ; elle tue ceux qui l'emploient, semblable à ces poisons violens dont le premier effet est de faire mourir ceux qui les préparent.

Nous avons eu six ministères qui malheureusement s'en sont servis. Que sont-ils devenus? Ils ont disparu après avoir bu à cette coupe empoisonnée.

Le ministère actuel est au dessus de cette dangereuse et déplorable ressource : il est fort. Eh bien! qu'il se serve de sa force et qu'il s'en serve avec vigueur. Si l'œil de la justice est continuellement fixé sur la presse, de sorte qu'elle ne puisse écrire une seule ligne coupable sans être châtiée à l'instant même, elle perdra bien vite de son arrogance et ne se fera plus un jeu d'insulter les choses divines et humaines. Les écrivains seront forcés de se tenir sur leurs gardes; et comme pour bénéfice de leurs attaques ils n'auront que la prison et l'amende, croyez bien qu'ils ne s'empresseront point d'en jouir.

Les lois appliquées avec une juste fermeté sont toujours plus utiles et plus salutaires que la censure, qui n'est qu'une vipère que les ministres mettent dans leur sein.

De la force et de l'habilité, des vues étendues, des projets sagement conçus et exécutés avec énergie : avec cela il est impassible que des ministres ne fassent point honneur à leur pays et ne consolident point l'ordre social.

Un grand devoir pour notre ministère, c'est d'imprimer une bonne direction à l'esprit public et de donner à la société toutes les améliorations réclamées dans son organisation. Ce qu'un ministère libéral ne pouvait faire sans danger, il le peut lui dans l'intérêt du trône et de la société.

Ceux qui attaquent le ministère ont sans doute lu son histoire dans l'avenir : car ils ne cessent de lui reprocher des fautes énormes dans son administration tant au dedans qu'au dehors. Il n'y a ni bassesse, ni crime dont, à les entendre, il ne se rendra capable : guerres intestines, traités scandaleux, dilapidation des deniers publics, taxes oppressives, on l'accuse d'avance de malversations de toute espèce. Pour le rendre encore plus odieux, on ajoute que sa conduite coupable étendra sa funeste influence jusque sur la postérité en ruinant les bases de notre constitution. Ce n'est pas seulement, disent ses ennemis, un ministère prévaricateur; il nous livrera sans défense à ceux de ses successeurs qui voudront lui ressembler, en les affranchissant de toute entrave.

Il n'est pas étonnant que de semblables calomnies excitent une fermentation extraordinaire. Je voudrais qu'on pût faire entendre à ces hommes passionnés qu'ils sont en contradiction avec eux-mêmes, et que sans cette contradiction il leur serait impossible de pousser aussi loin leurs déclamations. Si notre constitution, *perfectionnée par le sacrifice de tant de millions, et cimentée par une si grande effusion de sang,* mérite jusqu'à un certain point toutes les louanges qu'on lui donne, elle ne pourra se prêter à une administration incapable et perverse qui aura à combattre contre une opposition où les orateurs et les écrivains jouissent d'une liberté presque illimitée; si au contraire le ministère est faible ou méchant autant qu'on s'efforce de le prouver d'avance, c'est alors la charte qui pèche dans ses principes primitifs, et ce n'est pas à lui qu'on doit faire le reproche d'altérer la meilleure forme de gouvernement possible. Une constitution n'est vraiment bonne qu'autant qu'elle corrige les effets d'une mauvaise administration. Si la nôtre avec tous les avantages qu'on lui prête, avec tous nos publicistes, tous nos écrivains, nos hommes d'état, tous nos bons citoyens, ne remédie à rien, nous aurons de grandes obligations à un ministère qui l'ébranlera dans ses fondemens et nous fournira l'occasion d'en élever une meilleure à sa plaçe.

De pareilles contradictions, monsieur le comte, et des accusations de ce genre ne méritent point qu'on s'y arrête. Le ministère saura soutenir à l'étranger l'honneur et les intérêts de la France, maintenir dans l'intérieur le crédit public et soumettre le parti libéral.

J'ai dit ce que je pensais, mes paroles ne sont que l'expression de mon intime conviction. Dans toute cette *Lettre* je ne me suis laissé guider ni par la malveillance, ni par la flatterie. Je crois que le ministère peut assurer la stabilité du trône et conduire nos affaires avec habileté : il a en lui tout ce qu'il faut pour cela. C'est maintenant aux royalistes à l'appuyer ; ils doivent oublier leurs différens pour se donner tous la main et se réunir autour de lui.

Veuillez agréer, etc., etc.

BENOIST.

LE CONSERVATEUR,

RECUEIL HEBDOMADAIRE.

Dieu, les Bourbons et les Gens de bien.

Le Conservateur parait à jour fixe le jeudi. Chaque livraison se compose de deux feuilles environ. En outre, les abonnés reçoivent de temps à autre les brochures publiées par M. Benoist sur l'état des affaires publiques.

Il faut plus que jamais que tous ceux qui tiennent au maintien de l'ordre établi et de la tranquillité publique réunissent leurs efforts pour assurer la stabilité du trône et de nos institutions.

Le Conservateur, qui se consacre tout entier à la défense de la vérité et à la propagation des vraies lumières, ne remplira son but qu'autant qu'il trouvera des appuis chez les gens de bien.

Le prix de la souscription au Conservateur *est de 11 fr. pour un volume ou douze livraisons par trimestre ; 20 fr. pour deux, et 36 fr. pour quatre (franc de port); et 1 fr. 5o cent. de plus par volume pour l'étranger, la Suisse exceptée.*

On souscrit à Paris :

A la Direction du *Conservateur*, rue de Sèvres, n. 2 ;
Chez Rusand, libraire, rue du Pot-de-Fer Saint-Sulpice, n. 8 ;
Chez Blaise, libraire, rue Férou, n. 24 ;
Et chez Maze, libraire, rue de Seine Saint-Germain, n. 31 ;

Et dans les Départemens :

A Toulouse, chez Sénac ;
A Bordeaux, chez Delpech ;
A Clermont-Ferrand, chez Thibaud-Landriot ;
A Lille, chez Lefort et Vanakère ;
A Lyon, chez Rusand et Mme Ve Raillard ;
A Montpellier, chez Virenque ;
Et à Nantes, chez Juguet-Busseuil.

www.ingramcontent.com/pod-product-compliance
Lightning Source LLC
Chambersburg PA
CBHW051353060726
47596CB00005B/1897